I0178522

NOUVELLE BIOGRAPHIE

DE

LOUIS VEUILLOT

Rédacteur en chef de l'Univers.

PAR

F. MONDHUY.

---

50 centimes.

PARIS
CHEZ TOUS LES LIBRAIRES

1856.

LOUIS VEUILLOT

L'Auteur se réserve le droit d'autoriser la traduction et la reproduction en France et à l'étranger.

NOUVELLE BIOGRAPHIE

DE

LOUIS VEUILLOT

Rédacteur en chef de l'Univers,

PAR

F. MONBHUY

PARIS.

CHEZ TOUS LES LIBRAIRES.

1856.

AVANT-PROPOS

Louis Veuillot et ses biographes.

Il a paru différentes notices et biographies qui prétendent faire connaître le rédacteur en chef de l'*Univers* : le *Figaro* a esquissé la vie de M. Louis Veuillot ; M. Hippolyte Castille a développé le sujet, d'autres encore ont été tentés par le bruit qui se fait autour de cet homme, qui ne compte que des amis ou des ennemis, pas d'indifférents. Mais ces notices et ces biographies ont fait peu de bruit, et moi-même je les avais complètement oubliées, lorsque, il y a quelques mois, parut une nouvelle biographie dans les *Contemporains* de M. Eugène de Mirecourt.

J'avoue que la lecture de ce livre me stupéfia. Je lis assidûment l'*Univers* depuis une quinzaine d'années, j'ai lu tous les livres de M. Veuillot, j'ai eu plus d'une fois l'occasion d'entendre parler de lui par des personnes qui doivent le connaître. Mais le Veuillot de M. de Mirecourt est si différent de celui que je connaissais, que je relus plusieurs fois le volume des *Contemporains* sans pouvoir revenir de mon étonnement.

Qui donc me trompait ici et trompait le public ? Devais-je croire que j'avais été jusqu'ici dans l'illusion ? Fallait-il supposer que M. Eugène de Mirecourt avait voulu tromper ? Devais-je voir dans le nouveau biographe un historien, ou un pamphlétaire?

Je voulus avoir le cœur net de ces doutes. Je recueillis mes souvenirs, je relus ces livres de M. Veuillot qui ont toujours pour moi un nouveau charme ; je consultai, j'interrogeai surtout ceux qui ont connu dans sa jeunesse le célèbre journaliste, je ne reculai pas devant une correspondance que me rendirent très agréable les personnes qui voulurent bien ne pas se fâcher de mes importunités, je rassemblai enfin des documents que j'ai lieu de croire authentiques, et je pense être en possession de la vérité.

Mais cette vérité est bien éloignée de ce que j'ai lu. C'est pour cela même qu'il m'a paru qu'il serait bon de la dire.

Ai-je ce qu'il faut pour marcher d'un pas sûr et triomphant sur le terrain où je m'aventure aujourd'hui ? Pourrai-je faire remporter à la vérité la victoire qui lui est due ? En me rangeant du côté de cette vérité si extraordinairement attaquée, puis-je espérer le succès ?

Je ne sais ; mais, quoique je ne dédaigne ni le succès, ni les suffrages du public, je n'estime pas assez le premier pour le demander au scandale, et j'estime trop le second pour croire que le scandale seul obtient ses applaudissements. Foin ! du bruit qui fait fuir l'honneur !

Que l'on partage ou que l'on repousse mes opinions, je veux qu'on dise en me lisant : C'est un honnête homme !

Mauvaise note pour un biographe, dira-t-on ; qu'importe, si les honnêtes gens m'approuvent. Peu connu dans le monde littéraire, je viens comme Tacite, *sine ira et studio*, dire ce que je pense, après avoir étudié mon sujet, sans parti pris, sans rancune d'aucune sorte. On ne m'a sifflé sur aucun théâtre, je n'ai point écrit de romans-feuilletons morts en naissant. Ni la haine de l'impuissance, ni le besoin de sortir de page avant l'heure, si tant est que je doive avoir une heure, ni les tentations de la faim ne m'inspirent.

C'est peut-être ce qui me manque.

Quoi qu'il en soit, concluez-en, lecteurs, que si vous voulez des injures, des citations tronquées, des calomnies, cette brochure n'est pas faite pour vous :

J'y dis la vérité.

On trouvera peut-être que je m'arrête trop longtemps à la jeunesse de mon héros. C'est ce que je pense moi-même. M. Louis Veuillot a aujourd'hui quarante-deux ans ; c'est à vingt-cinq ans qu'il a embrassé les doctrines dont il n'a pas, depuis lors, un seul moment déserté la cause : est-il donc si important de savoir ce qu'il a fait jusqu'à cette époque? Est-ce à vingt-cinq ans qu'un homme a donné sa mesure? Et quand, surtout, cet homme condamne lui-même cette première partie de sa vie, qu'il l'abjure et la déplore ; est-ce là qu'il faut l'étudier? Si donc j'étais le premier biographe de M. Veuillot, j'aurais dit en deux mots quelles furent ses premières années, et je crois que tout le monde m'aurait approuvé. Mais, venu le dernier, je ne suis plus libre de prendre ce parti. On a tant insisté sur cette partie de la vie du rédacteur en chef de *l'Univers*, on a tant cherché à noircir ainsi rétrospectivement l'écrivain catholique, on a donné tant de détails controuvés, matériellement faux, sur ces vingt-cinq années d'une vie déjà si remplie maintenant, quoiqu'elle soit encore dans toute sa vigueur, que je ne pouvais plus me dispenser de rétablir la vérité sur tous ces points. Le lecteur honnête, d'ailleurs, en voyant avec quelle légèreté ou quelle mauvaise foi on s'est trompé sur des circonstances qu'il était si facile de connaître, jugera de la confiance que doivent inspirer les biographes auxquelles je fais allusion. Je n'aurais pas cru, quant à moi, qu'il fut possible d'altérer à ce point l'histoire d'un homme encore vivant, vivant au milieu de la plus grande publicité, et qui fait lui-même son histoire presque chaque fois qu'il prend la plume.

J'ai indiqué les sources où j'ai puisé; on verra que la plupart de mes documents m'ont été fournis par les livres de mon héros, surtout en ce qui concerne ces détails personnels pour lesquels il est, sans aucun doute, la meilleure autorité.

CHAPITRE PREMIER.

Biographie de Louis Veuillot.

Les biographes de M. Louis Veuillot se sont trompés sur la date et sur le lieu de sa naissance. Une assez pauvre biographie des journalistes contemporains le fait naître en 1811, M. de Mirecourt indique 1809 ; une publication italienne qui m'a passé par les mains, donne la date de 1814, et tous affirment comme gens sûrs de leur fait, aucun doute n'est exprimé.

Quant au lieu de la naissance, même variété. Beaumont, dit celui-ci, Pithiviers, dit celui-là.

Le rédacteur en chef du journal l'*Univers* est né en 1813, à Boynes, en Gâtinais.

Voici mes preuves :

« J'avais *dix-sept ans*, dit M. Veuil-
» lot (1), quand je vis les médiocres
» enfants de la bourgeoisie, qui m'en-
» touraient, s'applaudir d'avoir dé-
» moli l'autel et le trône ; j'avais *dix-
» huit ans* quand je vis la bête fé-
» roce abattre les croix. »

Il dit dans un autre endroit (2) :

« Le souvenir le plus vif que j'aie

(1) *Rome et Lorette*, Introduction.
(2) Même ouvrage

» gardé de mon pauvre pays, c'est le
» souvenir des larmes que je ne pus
» contenir en voyant le clocher du
» village disparaître à l'horizon. Quel-
» qu'un me dit alors en souriant :
» Adieu ! Boynes, adieu ! Il me sem-
» ble que c'est le premier mot qu'ait
» entendu mon oreille. »

Les parents de Louis Veuillot étaient pauvres : son père, nommé François, était un tonnelier né en Bourgogne, « qui ne possédait au
» monde que ses outils, et qui, les
» portant sur son dos, l'hiver à tra-
» vers la boue, l'été sous l'ardeur du
» soleil, s'en allait à pied de ville en
» ville et de campagne en campagne,
» fabriquant et réparant tonneaux,
» brocs et cuviers, s'arrêtant partout
» où il rencontrait de l'ouvrage, re-

» partant aussitôt qu'il n'y en avait
» plus : heureux s'il emportait de
» quoi vivre jusqu'au terme de sa
» course nouvelle, mais sûr de laisser
» derrière lui bonne renommée, et de
» retrouver, lorsqu'il reviendrait, bon
» accueil... Un jour, traversant une
» bourgade du Gâtinais, il vit, à la
» fenêtre encadrée de chèvre-feuille
» d'une humble maison, une belle
» robuste jeune fille qui travaillait en
» chantant; il ralentit sa marche, il
» tourna la tête, et ne poussa pas sa
» route plus loin. La fille était ver-
» tueuse autant qu'agréable; elle
» aimait le travail; l'honneur brillait
» sur son front parmi les fleurs de la
» santé et de la jeunesse, un sens droit
» et ferme réglait ses discours; les for-
» tunes étaient égales, les cœurs al-

» laient de pair; le mariage se fit (1). »

La femme de François Veuillot se nommait Marguerite. François s'établit dans le village où il s'était marié ; il y passa quelques années, et c'est là que Louis Veuillot, son fils aîné, apprit à lire. Laissons encore le fils raconter la suite :

« Un négociant frustra mon père du prix de plusieurs années de travail. Ruiné de fond en comble par une perte de quelques centaines de francs, il quitta le pays, sur les instances de ma mère, qui avait l'âme fière et hautaine, et partit avec elle, emmenant mon frère encore dans ses langes, et moi, qui sortais du berceau, pour venir chercher de nouvelles ressour-

(1) *Rome et Lorette*, Introduction.

ces, mais surtout pour cacher sa misère au sein de Paris. Ce qu'ils déployèrent alors de résignation stoïque et d'héroïsme indomptable, ne se peut décrire (1). »

Louis Veuillot devait avoir alors de cinq à six ans, comme il le fait connaître par quelques pages délicieuses de ses *Libres penseurs* :

« J'avais cinq ans, écrit-il, lorsque Dieu, songeant aux besoins futurs de ma vie et de mon âme, me donna un frère. La plus ancienne joie dont je me souviens, fut de voir ce beau petit frère endormi dans son berceau. Dès qu'il put marcher, je devins son protecteur; dès qu'il put parler, il me consola, car l'affliction

---

(1) *Rome et Lorette*, Introduction.

et la douleur n'épargnèrent point mes jeunes ans. Que de jours sombres changés en jours d'allégresse, parce que cet enfant m'a aimé! Que d'heures pénibles, pleines de mauvais conseils et promises au mal, ont été abrégées par sa présence, et terminées innocemment dans les douces fêtes du cœur! Nous allions ensemble à l'école, nous revenions ensemble au logis; le matin je portais le panier, parce que nos provisions le rendaient plus lourd; c'était lui qui le portait le soir. Toujours nous faisions cause commune. Je ne le laissais point insulter; et lui, quand j'avais quelque affaire, sans s'informer du sujet de la querelle, sans considérer ni la taille, ni le nombre de mes ennemis, il m'apportait résolument le concours

de ses petits poings, et je devenais tout à la fois accommodant et redoutable, tant je tremblais qu'il n'attrapât des coups dans la bagarre. Certes, je n'ai pas subi une punition, qui ne l'ait indigné comme une grande injustice. Si j'étais au pain sec, il savait bien me garder la moitié de ses noix et la moitié de sa moitié de pomme. Une fois, il vint en pleurant; et pourtant il apportait un morceau de sucre, un grapillon de raisin, et quelque reste de rôti. Festin de roi! Je m'informai de ce qui le faisait pleurer :
« Ah! me dit-il, la soupe était si » bonne, mon frère! » Je l'appelais Eugène; mais lui ne me donnait pas mon nom, et ne me parla ni ne parla jamais de moi qu'en disant, Mon frère. »

On voudrait transcrire tout le passage.

Les parents de Louis Veuillot ne trouvèrent pas la fortune à Paris ; mais ils obtinrent ce qu'ils cherchaient, du travail. Ne sachant lire ni l'un ni l'autre, ils ne purent aspirer à aucun de ces humbles emplois qui sont pour les ouvriers la garantie du lendemain. Le père avait ses outils de tonnelier, et la mère son aiguille qu'elle poussait avec diligence, tout en gardant ses enfants. On vivait, et le soir, réunis sous le toit d'une mansarde, on songeait à l'avenir de la famille. M. Veuillot raconte avec une amère éloquence ces scènes d'intérieur :

« Mon père et ma mère se conduisaient d'après les règles d'une probité rigide; ils élevaient à la sueur de leur front quatre enfants (1); ils travaillaient sans cesse; pas de fête, pas de repos, pas de nuit, en quelque façon, pour eux; ils ne cessaient de travailler que quand l'excès des fatigues et des privations amenait une maladie : ils nourrissaient de leur sang et de leurs jours cette nombreuse famille, qui avait toujours faim; ils venaient, avec une générosité sublime, au secours de leurs parents, encore plus misérables qu'eux. Hélas! ils remplissaient de la religion tous les devoirs, moins ceux qui consolent et qui font espérer! En nous épargnant tout ce qu'ils pouvaient nous sauver de leurs souffrances, ils ne savaient que nous dire :

(1) Deux garçons et deux filles

« Habituez-vous à la peine, vous en
» aurez ! » Et pas un mot de Dieu.
Je le dis à la honte de mon temps,
non à la leur : ils ne connaissaient pas
Dieu. Enfants tous deux à l'époque
où l'on massacrait les prêtres ils
n'en avaient point trouvé dans leurs
villages pour les élever, et tout ce
qu'en vieillissant ils avaient entendu
dire aux plus habiles qu'eux, de l'E-
glise et des ministres de la religion,
leur en inspirait l'horreur. Seulement, ma mère, par un reste des tra-
ditions de sa mère, voulait que j'al-
lasse le dimanche à la messe, où elle
venait elle-même aux grandes fêtes,
et m'avait appris quelques bribes de
l'*Ave Maria*, que je récitais le soir
au pied de mon lit (1). »

(1) *Rome et Lorette*, Introduction.

Après un temps plus ou moins long passé à Paris, on alla s'établir dans la banlieue, à Bercy. Le père y avait trouvé un travail assuré.

Les enfants grandissaient, et la mère, qui nourrissait à leur endroit de vagues ambitions, les envoyait à l'école.

« Partageant le sort des enfants du pauvre dans ce qu'il a de plus mauvais, dit Louis Veuillot (1), je n'eus point le bonheur d'aller à l'école des frères. Ma mère nourrissait contre ces bons religieux les préventions que l'on répand dans le peuple, aveuglé et trahi jusqu'à ne plus comprendre la charité. » Ce fut donc l'école mutuelle que fréquenta Louis Veuillot,

(1) *Rome et Lorette*, Introduction.

l'école mutuelle, avec les exemples de corruption des autres enfants, et l'exemple plus puissant encore pour le mal d'un maître ivrogne, qui tenait un abonnement de lecture, et livrait entre les mains des pauvres enfants confiés à ses soins par le stupide libéralisme du conseil municipal de l'endroit, les romans de Paul de Kock et de Lamothe-Langon.

Nous avons vu que l'amitié fraternelle éclairait de ses purs rayons cette malheureuse époque.

Quand le jeune Veuillot eut fait sa première communion, il s'agit de lui donner un état. Lequel? Grosse affaire, et qui fut l'objet de bien des délibérations au coin du foyer domestique. Les incertitudes furent tranchées par une proposition qui dût paraître fort belle. On offrit à Louis Veuillot vingt francs et *trente morceaux de pain* par mois dans une étude d'avoué (1). On l'y plaça. Il avait treize ans; on entrait dans l'année 1827. Écoutons-le :

« Abandonné dans le monde, sans guide, sans conseils, sans amis, pour ainsi dire sans maître, à treize ans, et sans Dieu! O destinée amère! Je rencontrai de bons cœurs; on ne manqua pour moi ni de générosité ni d'indulgence, mais personne ne s'occupa de mon âme, personne ne me fit boire à la source sacrée du devoir. Les rues de Paris faisaient l'éducation de mon intelligence; les propos de quelques jeunes gens, au

(1) V. *Libres penseurs*, page 500 de la 2ᵉ édition.

milieu desquels j'avais à vivre, celle de mon cœur... C'étaient d'honnêtes jeunes gens ; mais ils sortaient du collége, ils faisaient leur droit, et, selon la mode du temps, ils étaient libéraux. Ceux qui m'aimaient le plus me menaient au spectacle ; ceux qui me trouvaient de l'intelligence me prêtaient des livres, et je continuais par moi-même, en pleine liberté, les études que j'avais si bien commencées sur M. Paul de Kock et sur M. Lamothe-Langon... Je n'entendais plus que des impiétés railleuses ; là le *Constitutionnel* et le *Courrier français* étaient encore prophètes (1). »

(1) *Rome et Lorette*, Introduction.

L'étude dans laquelle Louis Veuillot faisait ses débuts, et où il passa plusieurs années, était en quelque sorte, et par la plus singulière des exceptions, une étude littéraire. Elle a laissé, sous ce rapport, de grands souvenirs dans la basoche, et elle est connue dans les lettres. Je ne crois pas que ce soit un hors-d'œuvre dans cette biographie de consigner ici les détails que je dois à l'obligeance d'une personne bien placée pour les connaître.

Le patron de l'endroit était un M. Delavigne, frère de Casimir Delavigne. Ce poète, à qui l'on a depuis contesté le droit d'être placé au premier rang, jouissait alors d'une très grande réputation ; la question était simplement de savoir lequel il rappe lait le mieux, de Racine ou de Corneille. En le voyant, les clercs de son père croyaient voir la gloire en personne. Aussi l'amour des lettres et des arts était-il la plaie de cette étude. Tout le monde y poursuivait la rime. Une intelligence aussi naturellement littéraire que celle de Louis Veuillot se trouvait là dans un milieu des plus favorables à son développement.

Je ne sais pas si ce régime a formé beaucoup d'avoués excellents ; il est certain, du moins, qu'il est sorti de l'étude de M. Delavigne des hommes qui ont marqué dans des voies dont la procédure n'est pas ordinairement le portique. On m'a cité, sans compter Louis Veuillot, MM. G. de Wailly, Hipp. Barbier, G. Delavigne, Emile Perrin, l'habile directeur de l'Opéra-

Comique ; Gustave Olivier, plus tard journaliste à Rouen, et un peintre distingué, M. de L'Étang. Mais combien d'autres qui, depuis, ont renoncé aux Muses, rimaient sans doute alors avec passion ?

On assure que Louis Veuillot, excité par le grand renom de Casimir Delavigne, commença à quinze ans une tragédie. A dire vrai, je serais étonné qu'il n'ait pas commencé par là. M. Hipp. Barbier eut, dit-on, la même ambition ou la même faiblesse. La révolution de Juillet lui révéla le véritable caractère de son talent, et il fit les *Iambes*.

Du reste, Louis Veuillot ne s'occupait pas seulement à lire tout ce qui lui tombait sous la main et à rimer. Il travaillait. Bien qu'il fût le plus jeune soldat de cette troupe, on écoutait son avis ; il paraît surtout qu'il faisait autorité sous le rapport grammatical. Il lui en reste quelque chose : le rédacteur de l'*Univers* est très prompt, en effet, à reprocher à ses adversaires « leur petit français. »

L'étude Delavigne tenait pour le libéralisme en même temps que pour la poésie, premièrement, parce que toute la jeunesse bourgeoise était alors dans l'opposition ; deuxièmement, parce que Casimir Delavigne était un poète libéral. L'union littéraire n'était cependant pas aussi complète parmi ces jeunes gens que l'union politique.

Le romantisme faisait tapage en 1829, et il ne cessa de gagner du terrain (1). La chronique prétend que

(1) Casimir Delavigne passait pour le chef

Louis Veuillot fut de ceux qui se laissèrent gagner par l'hérésie. Quelque fussent, au fond, ses sentiments, il dût à son âge et à son entourage de rester à l'écart des ultras romantiques.

On gagne peu d'argent chez les avoués. Louis Veuillot avait monté en grade, mais il était loin encore des voies de la fortune. La scène suivante nous fournira quelques indices sur sa situation financière vers 1830 :

« Le dimanche nous réunissait, dit-

des classiques, dignité que lui imposait son talent, mais qui convenait assez peu, dit-on, à son caractère. Les clercs de son frère se trouvaient donc engagés parmi les classiques. Cela coûtait à quelques-uns d'entre eux. Ils étaient jeunes, et les nouveautés paraissaient attrayantes.

il en parlant de lui et de son frère (1). Le rendez-vous était sous le troisième arbre à gauche d'une allée de catalpas, au jardin des Plantes. Quels battements de cœur quand le premier arrivé voyait poindre l'autre au bout de l'allée ! Quelles angoisses et quelles terreurs quand l'un des deux se faisait attendre !..... Un jour, nous arrivâmes tous deux au rendez-vous dans le même moment, par le plus beau temps du monde. J'étais plein de mystère et de joie, et Eugène cherchait à contenir une plénitude de contentement qui débordait dans ses regards, dans ses sourires, dans toute sa personne. « Regarde, » dit-il enfin, me montrant sa poche. Je regarde, je vois,

(1) *Libres penseurs*, à la suite de ce qu'on a cité sur son enfance.

je retire, je contemple avec une admiration muette un magnifique saucisson. « A l'ail! dit Eugène. — A l'ail! » répétai-je. Mais, reprenant ma gravité, je tire à mon tour de ma poche et je produis solennellement deux petits pains de couleur bise. « Seigle? demande Eugène fasciné. — Pur seigle, réponds-je en homme sûr de ses richesses. — Oh! mon frère! » s'écria Eugène. Puis, se ravisant, et fixant sur moi ses grands yeux pétillants et humides, il m'ouvrit sans rien dire une seconde poche, où s'introduisit ma main. Or, il y avait au fond de cette seconde poche, bien enveloppés de papier, quinze sous en trois pièces d'argent. Je les fis sauter et reluire au soleil. « Je voulais amasser vingt sous, me dit Eugène; mais voilà deux mois que j'y travaille, et je ne pouvais plus garder mon secret.—Assieds-toi, m'écriai-je tout-à-coup ; je vais te montrer quelque chose. » Nous nous mîmes à cheval sur le banc, selon notre usage, pour nous voir bien face à face ; et je tirai de mon gilet un petit papier rose que j'avais attaché avec une épingle, par surcroît de précaution. Je le dépliai lentement, et le plaçai sous les yeux de mon frère. « Qu'est-ce que cela, me dit-il, tout rempli de joie, quoiqu'il n'y comprît rien. — C'est un billet de spectacle, répondis-je. — Eh bien? demanda-t-il encore. — Eh bien ! ajoutai-je, avec ce billet nous irons tous les deux, ce soir, sans payer, au spectacle, à l'Odéon. Vois : *Théâtre royal de l'Odéon !!* — Vrai ? — Vrai comme il n'y a qu'un Dieu. » Nous nous embrassâmes, et, gambadant, causant de notre bonheur, grignotant le pain de seigle et le saucisson, nous allâmes visiter les ours, à quoi nous ne manquions jamais. O la merveilleuse journée ! et que l'on peut être heureux, bonté divine, à raison de sept sous et demi par tête ! »

Personne, sans doute, ne me reprochera la longueur de la citation.

La révolution de Juillet ne changea rien d'abord à la position de Louis Veuillot ; mais ce fut elle qui, plus tard, le poussa dans le journalisme.

Les premières années de Louis-Philippe, on s'en souvient, furent très orageuses. Le parti républicain, qui s'était laissé museler au lendemain même de la lutte, s'organisa très

vite et devint menaçant. Les partisans de la nouvelle dynastie, craignant d'être débordés, fondèrent partout des journaux et cherchèrent partout des journalistes. « Ces ogres
» d'une monarchie et d'une religion
» se laissèrent en plus d'un lieu gui-
» der par des enfants; il leur fallut
» accepter des enfants comme défen-
» seurs de l'étrange ordre social qu'ils
» venaient d'établir (1). » Un des amis de Louis Veuillot lui proposa de renoncer à la procédure pour aller rédiger l'*Écho de Rouen* comme rédacteur en second. Il devait être plus spécialement chargé des questions locales, y compris le compte-rendu des théâtres. L'*Écho de Rouen* ap-

(1) *Rome et Lorette*, Introduction.

partenait au parti de la Résistance.

« Sans autre préparation, dit Louis Veuillot, je devins journaliste. Je me trouvai de la Résistance ; j'aurais été tout aussi volontiers du Mouvement, et même plus volontiers. C'est un aveu dont je ne refuse pas l'ignominie, je veux bien publier que c'est la religion seule qui m'a fait comprendre le véritable honneur, et qui m'a rétabli dans ma dignité (1). »

Le jeune rédacteur, qui avait alors dix-huit à dix-neuf ans (c'était en 1832), abandonna bientôt son indifférence politique, et, prenant feu pour son journal, il devint un conservateur fougueux. Au lieu de s'en tenir à ses attributions spéciales, il aborda

(1) *Rome et Lorette*, Introduction.

les questions à l'ordre du jour, et remplit très vite, en réalité, les fonctions de rédacteur en chef.

On a donné de si singuliers détails sur cette époque de la vie de Louis Veuillot, on lui a libéralement adjoint tant de collaborateurs, qu'afin d'en avoir le cœur net, j'ai consulté un homme parfaitement et depuis longtemps au courant de la presse rouennaise. Voici sa réponse :

« On fait sur les exploits de Louis Veuillot à Rouen des histoires où la vanité de certains de ses adversaires me paraît tenir beaucoup de place. Je crois, du reste, que ces messieurs cherchent plus à se vanter qu'à lui nuire.

» Veuillot a d'abord eu pour rédacteur en chef à l'*Écho*, un nommé

Champin ou Champlin, qui fut remplacé par M. Gustave Olivier, mais il n'a jamais eu pour collaborateurs à ce même journal ni Texier, ni Emmanuel Gonzalès, ni Rivoire. Lorsque ce dernier prit la rédaction en chef de l'*Écho*, dont il devint plus tard propriétaire, Louis Veuillot avait depuis longtemps quitté Rouen. Quant à M. Edmond Texier, aujourd'hui rédacteur très démocratique du *Siècle*, c'est trois ou quatre ans après Louis Veuillot qu'il a fait à Rouen, et dans le même journal, de la politique conservatrice.

» Tenez ces détails pour rigoureusement exacts, et voyez ce que deviennent les soupers fins rehaussés de mots très crus et de gestes cyniques, que l'on déclare avoir été faits en commun alors par des gens qui ne se connaissaient pas et se trouvaient à quelques cent lieues les uns des autres. Voyez aussi ce que deviennent les chansons fort lestes que Louis Veuillot aurait composées pour ces prétendus soupers. L'invention n'est pas nouvelle d'ailleurs ; c'est une arme dont on s'est déjà servi contre une foule de gens,

» Louis Veuillot a eu deux duels à Rouen : le premier avec un acteur nommé Tilly, et pour un article de critique théâtrale ; le second, avec l'un des rédacteurs du *Journal de Rouen*, feuille républicaine. De chaque côté on s'envoya une balle ; Louis Veuillot reçut celle de son adversaire dans son habit. Les témoins déclarèrent l'honneur satisfait.

» Je crois que ces détails sont suffisants. Il me semble d'ailleurs assez inutile de rechercher si Louis Veuillot a loué en 1832 à Rouen un vaudeville en l'honneur de Béranger, et s'il ne dépensait jamais moins de dix francs à son dîner. Il faut croire que l'*Écho* payait bien largement ses rédacteurs. Remarquez du reste que les inventions sur lesquelles vous me demandez mon avis sont indirectement présentées sous le patronage d'anciens adversaires de Louis Veuillot, qu'il n'a jamais fréquentés, et d'écrivains qui sont venus à Rouen quand il n'y était plus depuis longtemps. Divers témoins restent encore ; je ne crains pas qu'ils démentent mes assertions.

» J'ajoute qu'en 1832 Louis Veuillot n'était ni d'âge, ni de position à ce que l'on fît attention à ses faits et gestes. Il est donc naturel que les renseignements manquent, et qu'on y substitue des légendes conformes aux goûts et aux besoins des légendaires. »

Vers la fin de 1832, Louis Veuillot quitta Rouen, où il avait passé un an environ, et devint rédacteur en chef du *Mémorial de la Dordogne*, à Périgueux. Il n'avait pas vingt ans. N'était-ce pas de quoi l'enivrer? Il conserva cette position jusqu'en 1837.

La polémique n'était pas moins vive alors au midi qu'à l'ouest. Louis Veuillot eut encore un duel à Périgueux; il reçut pour la seconde fois une balle dans ses vêtements. Son adversaire, dans cette nouvelle rencontre, était un des rédacteurs ou collaborateurs de la feuille républicaine de l'endroit. Dès lors, on n'osa plus insulter trop ouvertement le journaliste qui ne reculait pas plus sur le terrain que dans ses écrits; depuis qu'on sait qu'il ne se bat plus en duel, on est devenu plus hardi; pour lui, il est devenu plus courageux, mais d'une autre façon.

Louis Veuillot connut à Périgueux le maréchal Bugeaud; il plut beaucoup à ce vaillant soldat, et devint, malgré la différence d'âge, un de ses amis. Cette amitié fit faire plus tard, en 1842, le voyage d'Algérie à M. Veuillot, alors converti. Il se lia aussi à cette époque, mais plus intimement, avec M. Romieu, qui était préfet de la Dordogne. Le journaliste et le premier magistrat du département, unis par les mêmes goûts littéraires, vifs d'esprit tous deux, et peu chargés de préjugés, s'entendaient à merveille. On dit qu'ils firent en commun plus d'une charge aux Périgourdins.

Le *Mémorial de la Dordogne* avait d'ailleurs du succès; son très jeune rédacteur en chef était cité parmi les écrivains les plus alertes de la presse ministérielle de province. Les conservateurs périgourdins et les hauts fonctionnaires du département faisaient grand cas de leur défenseur. Il ne paraît pas leur en avoir conservé une bien vive reconnaissance.

« Je possédais, dit-il, quelque part (1), ce que j'avais cru naguère en

(1) *Rome et Lorette*, Introduction. Qu'on

vain rêver toute ma vie ; j'étais entré dans un monde que ma pauvre mère trouvait bien beau ; j'avais fait moi-même la brèche par où j'y étais entré, les égaux de mes supérieurs de la veille n'étaient plus auprès de moi que de petites gens. Tant de ruines faites de tous côtés paraissaient me grandir. Ces vainqueurs, ces maîtres de la société par la grâce d'un impôt de deux cents francs, ne comprenant ni qu'ils s'étaient donné des maîtres, ni quels maîtres ils s'étaient donnés, s'extasiaient sur ce qu'ils appelaient ma fortune, et disaient que c'était un temps heureux que celui où, avec du talent, on arrivait si vite

remarque que ce livre a été publié en 1841, sous le gouvernement de juillet, en plein triomphe du cens électoral.

à l'influence, à la fortune, à la considération. Je ne savais que répondre, je ne pouvais que penser comme eux, et pourtant je rougissais en silence. Oui, sans doute, ils m'avaient fait la voie belle! ils me l'ont faite plus belle que pour eux-mêmes qui marchent, qui roulent, qui courent et qui arrivent sans avoir besoin de ce véhicule du talent, qu'ils voulaient bien m'attribuer. Mais leurs dons magnifiques me laissaient le cœur vide. »

Que lui manquait-t-il donc?

« Ah! je le sais maintenant, pourquoi j'ai tant souffert! Que ne peuvent-ils me reprendre ces vains avantages, et rendre à tous mes frères les pauvres ce qu'ils avaient jadis, ce qui leur a été enlevé, ce qu'il me faudra déplorer toute ma vie de n'avoir pas eu plutôt : la connaissance de Dieu, ce pain de toutes les heures ; la prière, enfin, cette espérance de tous les instants, cette inépuisable richesse, ce secours infaillible. C'est là le trésor du pauvre ; c'est là l'égalité ; c'est là l'ordre, la fortune, la joie. »

Malgré ces heures de découragement auxquelles n'échappe aucun esprit capable de s'élever au-dessus des satisfactions vulgaires, Louis Veuillot s'accommodait assez bien de la vie périgourdine. On l'a dit souvent, et on le répètera toujours avec raison : il n'y a pas de longues tristesses à vingt ans. J'imagine qu'après s'être très gravement et très sincèrement livré à un accès de mélancolie, le jeune journaliste se rendait d'un pas allègre à l'hôtel de la Préfecture. J'ai même entendu dire qu'il était alors grand danseur.

La rédaction politique du *Mémorial de la Dordogne* ne prenait pas toutes les heures que M. Veuillot consacrait au travail. Il avait trop de tendances littéraires pour ne pas s'essayer dans un genre moins aride. Dès les premiers temps de son installation à Périgueux, il usa de ses pleins pouvoirs pour publier en feuilleton de petites nouvelles. J'ai lu dernièrement quelques extraits de l'une d'elles. C'est jeune d'idées et de style ; l'auteur, avec sa haute expérience de vingt ans, affectait de croire fort peu à la vertu, et se posait en désillusionné. La jeunesse avait alors cette faiblesse; ne l'a-t-elle pas encore aujourd'hui? Même dans ces nouvelles juvéniles, on n'a choisi ni la plus supportable comme morale, ni les passages les mieux tournés, je le parierais. Je ne trouve, du reste, aucun intérêt à vérifier ce détail, et ne perdrai pas mon temps à le faire. Louis Veuillot a lui-même condamné plus sévèrement que personne ces premiers essais, qui étaient, hélas! conformes aux idées régnantes dans la littérature et dans le public bourgeois et conservateur. Cela résulte des renseignements fournis par le biographe qui a signalé ces productions; il nous apprend, en effet, que d'autres journaux les reproduisaient après qu'elles avaient paru dans le *Mémorial*.

C'est en 1837 que Louis Veuillot quitta la Dordogne et revint à Paris. Ses biographes s'accordent à dire qu'il débuta dans la *Charte de* 1830. J'ai été forcé de faire une enquête pour bien savoir quel était ce journal. Voici mes renseignements. La *Charte de* 1830 fut fondée par le ministère dit du 6 *septembre*, dont M. Guizot faisait partie. C'était une feuille semi-officielle du soir; la polémique y jouait un grand rôle. On avait pensé, sans doute, que la plume agressive du rédacteur du *Mémorial de la Dordogne* rendrait là de bons services. Il y trouva pour compagnons d'armes MM. Malitourne, Roqueplan, Léon Masson, Edouard Thierry, etc., etc. J'ai entendu dire que M. Méry écrivait aussi dans cette feuille.

Louis Veuillot avait alors vingt-trois ans. Il fut attaché à la rédaction politique. Or, comme à cette époque on ne signait jamais ni premiers-Paris, ni entre-filets, il m'est impossible de dire quelle fut la part de mon héros dans la *Charte de* 1830. Cette feuille vécut autant que le ministère, environ six mois. Louis Veuillot devint rédacteur de la *Paix*. C'était un journal doctrinaire fort belliqueux. M. Toussenel, auteur de l'*Esprit des Bêtes* (il a fourni un assez joli mot à M. de Mirecourt), écrivait également dans cette feuille, et en partageait, dit-on, la rédaction avec Louis Veuillot. A la *Paix*, pas plus qu'à la *Charte*, on ne trouve de signature au bas des articles. Du reste, les tendances de ces deux feuilles étaient les mêmes : on s'y efforçait de séparer absolument la cause de la monarchie de juillet de la cause révolutionnaire. Travail difficile et stérile.

La *Paix* vécut quelques années. A quelle époque est-elle morte? je l'ignore. J'ignore aussi combien de temps Louis Veuillot y resta. Je vois seulement, par un de ses livres, qu'il fut tenté de quitter la politique conservatrice pour la politique libérale, et de passer de M. Guizot ou de M. Molé à M. Thiers. Je cite :

« Je n'avais plus du tout de foi politique. Une année de polémique avait brisé, broyé, pulvérisé des convictions qui ne reposaient sur aucune base stable dans le passé, que je ne voyais aboutir à rien dans l'avenir.

Sous l'action continuelle des railleries et des mauvais exemples, le vernis de frêle morale qui les enveloppait s'était dissous. Seul avec moi-même, je ne pouvais réunir ni en politique, ni en morale, deux idées qui ne fussent en désaccord, et entre lesquelles je ne me sentisse indifférent. Je perdais le sens du juste et de l'honnête ; je perdais jusqu'à la volonté du combat, jusqu'au désir de la force. Et je ne me donnais pas deux mois pour n'être plus qu'un de ces *condottieri* de la plume, qui vont d'un camp dans l'autre pour vendre moins encore leur bravoure que leur inactivité (1). »

De cette lutte intime devait sortir

---

(1) *Rome et Lorette*, chap. 1er.

le chrétien et non le *condottiere*. Je trouve d'ailleurs que M. Louis Veuillot grossit un peu les choses. En 1838, il pouvait voir une grande différence entre M. Thiers et M. Guizot, et croire qu'il aurait tort de quitter l'un pour l'autre ; mais, à mon avis, cette différence était imaginaire.

Cet aveu de Louis Veuillot sur l'état de son esprit, à la veille de son départ pour Rome, a fait dire à un biographe qu'il en était venu réellement à passer d'un camp dans un autre ; de sorte qu'il n'aurait fait qu'un demi-aveu, c'est-à-dire un acte d'hypocrisie. Le biographe affirme même que le rédacteur futur de l'*Univers* travailla alors au *Figaro* avec MM. Alphonse Karr, Edmond Texier et de la Bédollière. Il ajoute que cela explique pourquoi M. Veuillot ménage ces deux derniers dans ses attaques contre le *Siècle*, ce dont on ne s'aperçoit guère en lisant l'*Univers* (1).

Louis Veuillot a dédaigné cette calomnie, comme tant d'autres. On peut facilement, et sans son secours, montrer ce qu'elle vaut :

1° A l'époque indiquée, le *Figaro* n'existait pas. Cette raison pourrait dispenser des autres.

2° Ce journal avait passé dès 1835 ou 1836, alors que Louis Veuillot était encore à Périgueux, dans les rangs de la presse gouvernementale.

(1) Voir, entre autres, le numéro du 7 avril 1856. Le lendemain, M. de la Bédollière a signalé l'article de l'*Univers* avec une modération édifiante.

3° De 1836 à 1848, le *Figaro* a essayé plusieurs fois de se relever, mais il s'est montré à toutes ses résurrections sous le drapeau ministériel. M. Karr en a été alors une ou deux fois le rédacteur en chef. MM. Texier et de la Bédollière ont-ils été ses collaborateurs? Je l'ignore.

En tous cas donc, si M. Louis Veuillot a écrit, en 1837 ou 1838, dans le *Figaro*, il a écrit dans un journal conservateur comme la *Paix* et la *Charte*, bien qu'avec d'autres allures, et si MM. de la Bédollière, Karr et Texier, aujourd'hui écrivains démocrates, y ont été ses collaborateurs, ce n'est pas lui qui doit redouter leurs indiscrétions.

Il y a de maladroits amis.

J'ai été plus long que je ne l'aurais voulu dans cette première partie de la vie de M. Veuillot. Quand la vie d'un homme se résume en une œuvre, c'est l'œuvre surtout qu'il faudrait faire connaître ; j'ai dit, en commençant, pourquoi j'avais dû entrer dans tous ces détails. Je le devais surtout parce que leur absence aurait été signalée comme une preuve de l'ignorance du biographe ou de son embarras. Il faut, pour les compléter, que j'y ajoute encore quelques pages.

A l'époque où nous sommes parvenus, la situation des parents de Louis Veuillot s'était améliorée. Le père, l'ouvrier tonnelier, avait, bien qu'il ne sût pas lire, obtenu une position plus avantageuse que celle de la masse de ses compagnons de labeur; il était devenu premier ouvrier et gardien ou surveillant des magasins. La mère, tout en tenant sa maison en ordre et en raccommodant les pauvres hardes de ses enfants, trouvait encore quelques ressources dans son travail. Bref, on fit des économies, et l'on fonda sur le port de Bercy un petit établissement qui existe encore. Guidé par un homme de lettres, ancien ami de Louis Veuillot, et que celui-ci avait fait dîner autrefois à la maison paternelle, j'ai visité ledit établissement, et j'y ai fait, je dois l'avouer, un médiocre déjeûner. Aujourd'hui cela s'appelle hôtel et café-restaurant. Il paraît que c'était moins luxueux du temps où M. Veuillot, déjà rédacteur de la *Charte* ou de la *Paix*, y menait ses amis. Je n'ai pas d'ailleurs pu réunir beaucoup de renseignements, parce que la mère de Louis Veuillot a quitté cette maison depuis douze ou quinze ans, et qu'elle y a déjà eu deux ou trois successeurs, ce qui obscurcit la tradition. Du reste, auberge ou hôtel, débit de vin ou de café, restaurant ou traiteur, ou même gargotte, comme on l'a dit, que les garçons de salle y portassent le tablier de coutil ou la serviette de toile, je n'y tiens pas. Il n'est que trop facile de voir pourquoi on a employé à ce sujet des mots d'une trivialité extrême. C'était pour arriver à insulter M. Veuillot dans sa mère, cherchant à abaisser celle-ci, surtout par le langage qu'on lui prêtait. Je rougis d'avoir à signaler de tels excès, et j'aurais honte de m'y arrêter, même pour protester.

Il paraît que cet établissement fut formé après l'entrée de Louis Veuillot chez un avoué, et que son frère Eugène, séduit sans doute par la fortune de son aîné, qui devait être alors deuxième ou troisième clerc, ne voulut pas y rester. Un biographe dit qu'à treize ans on mit Eugène au collége ; je n'ai pu m'éclairer sur un détail d'une si haute importance pour la biographie de Louis. En revanche, j'ai appris, en consommant le déjeuner mentionné plus haut, que Bercy et la Gare sont des localités très différentes, séparées par la Seine, et qu'alors aucun pont n'unissait. D'après M. Eugène de Mirecourt, ce serait à la Gare qu'il aurait pris ses renseignements. Il aurait pu se dispenser de le dire, puisqu'il voulait leur donner un cachet d'authenticité.

Le reste de la vie de mon héros étant beaucoup plus connu, je n'aurai guère besoin que de rappeler des dates.

M. Louis Veuillot, dont nous avons vu les inquiétudes intérieures, se convertit dans un voyage fait à Rome en 1838. Si l'on veut savoir après quels combats et par quelles voies il parvint à ce repos que donne la foi catholique, on lira son ouvrage intitulé : *Rome et Lorette*, que nous avons cité si souvent.

Le journal l'*Univers*, dont il devait bientôt devenir la plus brillante personnification, reçut de lui quelques articles en 1839.

Un voyage en Suisse, un autre en Algérie en 1841, achevèrent, pour ainsi dire, l'éducation politique et religieuse du nouveau converti.

La conversion de son frère, M. Eugène Veuillot, vint le réjouir au milieu des luttes qu'il commençait à soutenir.

En 1843, il entra définitivement à la rédaction de l'*Univers*, et, dès les premiers articles, on reconnut que ce journal, déjà si utile, allait forcer l'incrédulité à compter pour quelque chose l'opinion catholique.

Marié en 1845, M. Veuillot eut six filles : il perdit madame Veuillot à la fin de 1852. Ceux qui ont lu ses livres peuvent se figurer la douleur qu'il ressentit de cette perte ; mais il la supporta en chrétien, et avec cette résignation virile qui est la marque des grands cœurs.

L'année dernière soumit encore à une plus douloureuse épreuve ce cœur pourtant si éprouvé : il avait déjà perdu une de ses filles, trois autres lui furent enlevées encore coup sur coup. Les sympathies de ses amis lui montrèrent, dans ces cruelles circonstances, si les injures vomies journellement contre lui faisaient quelque impression sur les honnêtes gens.

Ces détails suffisent. A partir de l'année 1838, c'est surtout le journaliste et l'écrivain qu'il importe de considérer dans M. Louis Veuillot. Ce sera l'objet des pages suivantes.

Aurai-je fait passer dans l'esprit de mes lecteurs l'impression que m'a laissée l'étude de cette vie si remplie? Je l'espère. Cet homme mérite-t-il la boue dont on s'est plu à le couvrir? Jusqu'à vingt-cinq ans, il mène la vie que mènent une foule de jeunes gens *honnêtes* que je suis loin d'approuver, mais qui n'ont pas tous le courage de rompre, de si bonne heure surtout, avec un passé frivole et sérieusement répréhensible. Si on le blâme, il se blâme plus sévèrement lui-même ; mais, dans tout ce que j'ai appris, rien qui soit déshonorant aux yeux du monde, une constance politique même peu commune de nos jours, et, chose remarquable dans un jeune homme élevé en dehors de la foi chrétienne, rien qui sente l'impiété ou le mépris de la religion. J'avais cru trouver plus de mal ; M. Veuillot, par sa sévérité envers lui-même, s'était fait juger plus défavorablement.

CHAPITRE II.

Louis Veuillot journaliste.

On a vu, dans le chapitre précédent, ce qu'était M. Louis Veuillot avant sa conversion : le peu que nous avons dit suffit pour montrer que cet homme une fois entré dans une voie où la vérité lui serait clairement manifestée, ne reculerait devant aucun obstacle pour la défendre. On comprend le rôle qu'il a joué depuis bientôt quinze ans ; on comprend le redoublement de vie qu'il donna à l'*Univers*.

Là est l'unité de sa vie, là est pour ainsi dire son programme, comme celui du journal qu'il dirige : la religion avant tout, parce qu'avec elle tout sera sauvé, sans elle, tout perdu ; après la religion, la politique, qui doit être subordonnée à la religion, comme le monde l'est à Dieu.

On peut différer d'opinion avec M. Veuillot et avec l'*Univers*, on ne peut contester que ce programme ne soit parfaitement un et qu'il représente un grand et légitime but à atteindre.

Tel a été M. Louis Veuillot journaliste catholique ; tels se sont montrés ses collaborateurs. L'accord de ces hommes fait leur force ; leur talent ne le cède en rien à celui des rédacteurs des autres journaux : ils ont de plus l'unité de la doctrine, l'ardeur de la conviction, et l'intrépidité du désintéressement.

Lorsque M. Veuillot se consacra absolument, en 1843, à la rédaction de *l'Univers*, il avait huit à neuf mille francs d'appointements au ministère de l'intérieur; ses appointements à *l'Univers* furent fixés à peu près au tiers, mais on l'avertit en même temps qu'ils ne lui seraient peut-être pas payés: M. Veuillot n'hésita pas, d'autres auraient montré moins d'empressement. C'est là un fait connu de tous les hommes un peu au courant des choses du journalisme religieux. M. Nettement le confirme dans un passage que je cite en entier, parce qu'il contient en même temps une appréciation du talent du journaliste, et M. Nettement ne peut-être suspect de partialité :

« Cet écrivain de tant de talent et de tant d'influence sort des classes populaires.... C'est un rude chrétien, plein de foi et de zèle, mais aussi dur envers les autres qu'il l'est envers lui-même; orateur éloquent au besoin, poète à ses heures, polémiste toujours, par dessus tout grand pamphlétaire, puissant satirique, parce que ce Juvénal catholique n'a pas été élevé dans les cris de l'école, mais à l'école de la foi, et que ses hyperboles les plus violentes sont les cris d'une passion véritable qui frappe, flagelle à outrance les ennemis de son Dieu. Il nous le dit lui-même : il est plus encore le disciple du Dieu terrible que du Dieu clément (1); il appuie donc sur le ressort de la crainte bien plus que sur celui de la miséricorde. — Dès qu'il est chrétien, il fait une noble chose, il renonce sans balancer à une position avantageuse, et se consacre tout entier à la défense de la vérité religieuse. On ne peut servir à la fois deux maîtres ; entre Dieu et l'argent, il choisit Dieu. Sa collaboration à l'*Univers*, tous les ouvrages qui lui ont valu une juste renommée datent de ce temps (2). »

Alors était brûlante la question des Jésuites et celle de la liberté d'enseignement : on sait que l'*Univers* se

---

(1) Je ne sais si le mot est exact.

(2) A. Nettement, *Histoire de la littérature française sous le gouvernement de Juillet.*

distingua parmi les lutteurs, et nous ne voulons pas entrer dans des détails connus de tout le monde, mais il ne faut pas oublier qu'en 1844, le zèle déployé par M. Veuillot pour la défense de la liberté d'enseignement, fut récompensé par la prison.

En ce temps là on emprisonnait ceux qui réclamaient pour les pères de famille la liberté d'accomplir leurs devoirs vis-à-vis de leurs enfants, on emprisonnait le père Combalot, qui avait osé dire tout haut ce qu'on pensait tout bas de l'Université d'*alors* ; les véritables défenseurs de la société, ceux qui voyaient l'abîme et qui le montraient devaient payer leurs services de la perte de la liberté : les corrupteurs de la jeunesse triomphaient; on dispersait les Jésuites, on gorgeait d'or les romanciers de feuilleton qui répandaient les doctrines socialistes.

Qui s'étonnerait de ces choses, ne connaîtrait pas la nature humaine.

Après cette grande lutte, il y eut comme un repos de lassitude, mais les esprits les moins clairvoyants ne pouvaient s'empêcher de voir qu'on allait aux catastrophes : l'*Univers* ne ménagea point les avertissements ; la stupidité bourgeoise en riait, ceux qui étaient du complot en riaient encore plus fort, afin de donner le change.

L'affaire du Sonderbund suisse était un éclair au milieu de la nuit : on négligea l'avertissement, malgré les voix et les plumes éloquentes qui criaient de concert : Prenez garde à vous!

Les noms de Montalembert et de Veuillot sont inséparables dans l'histoire de ces événements.

Que dirons-nous de la discussion de l'adresse en 1848?

M. Louis Veuillot s'était chargé du compte-rendu des séances de la chambre des députés. Quel compte-rendu! Quels portraits! Le talent du polémiste se révéla tout entier alors, et l'on put dire que la France comptait un écrivain de plus, je ne dis pas un homme de lettres.

On a reproché à M. Veuillot de n'avoir pas fait d'études. Il est vrai qu'il n'a pas été au collége : est-ce le collége qui forme les écrivains? On a prétendu que de cette absence d'études venait sa haine contre la littérature classique : s'il n'avait étudié que la littérature contemporaine, cela se concevrait, mais il a pratiqué les écrivains de notre grand siècle, il a fait seul et mieux des études que le collége aurait gâtées avec ses exigences, et son maître Labruyère vaut sans doute bien tous les professeurs de rhétorique que les *Débats* pourraient lui fournir.

Je parlerai tout à l'heure de ses livres; on sait déjà si l'absence d'études classiques s'y fait sentir.

Les membres de la chambre des députés s'arrachaient l'*Univers* surpris de se trouver en un tel lieu; les prétentions les plus hautes, les vanités les plus gonflées y étaient prises tellement sur le vif, que tous, excepté les orignaux, applaudissaient à la ressemblance.

M. Veuillot riait alors, tout en ne dissimulant pas la gravité des circonstances, mais peut-être sans la comprendre assez : qui s'attendait à une catastrophe si soudaine?

La république ne rencontra pas d'hostilité systématique dans l'*Univers*, qui n'avait pas lieu de regretter ce qui venait de tomber; mais lorsque la république voulut toucher à la religion, elle entendit les catholiques réclamer, et elle dût reconnaître qu'il y avait de ce côté une force de résistance qu'il serait imprudent de combattre trop tôt.

Sur ces entrefaites M. de Coux quitta l'*Univers* et M. Veuillot resta seul rédacteur en chef : M. de Coux et quelques autres catholiques sincères avaient cru devoir faire de plus larges concessions à l'esprit de liberté, ils espéraient beaucoup de la liberté moderne, ils croyaient à une ère nouvelle, et sans doute à des moyens nouveaux de régénération ; la sincérité est respectable, mais elle peut se tromper.

Les événements donnèrent raison à l'*Univers*.

Inutile de développer la suite. On a accusé l'*Univers* d'avoir varié plusieurs fois sous la Présidence, on a cherché à le mettre en contradiction avec lui-même ; il a bien pu quelquefois se tromper dans ses jugements sur les hommes, rarement sur les choses ; l'*Univers* est toujours resté fidèle à son programme ; des déclamations intéressées ne peuvent changer la vérité sur ce point.

Le coup-d'état du 2 décembre a eu l'appui de l'*Univers* comme de beaucoup d'autres qui ont changé depuis que le danger a semblé s'éloigner ; c'était un rude coup porté à l'esprit révolutionnaire, c'était le salut de la société, c'était la force donnant au bien le temps de guérir les plaies de la révolution ; l'*Univers*, qui ignore les habiletés de la politique, applaudit franchement et ouvertement : il n'était pas seul, la nation pensa comme lui.

Puis vint la fameuse querelle des classiques païens : l'*Univers* fut pour le christianisme contre le paganisme, il demanda que les élèves de nos collèges sussent au moins aussi bien le catéchisme que la mythologie, qu'ils connussent au moins les noms de nos saints, puisqu'ils savent les noms de tous les héros d'Athènes et de Rome : on cria au vandalisme, à la barbarie, à l'ignorantisme, etc. L'*Univers* donna peut-être à l'expression de ses idées une exagération qui n'était pas dans les idées elles-mêmes ; les catholiques se divisèrent en deux camps, d'autres discussions vinrent à la traverse, et une condamnation douloureuse vint frapper, dans le diocèse de Paris, l'intrépide organe du catholicisme. Le Pape dût prononcer. Il exhorta à la charité, mais son encyclique n'était certainement pas de nature à décourager les collaborateurs de M. Veuillot.

Aujourd'hui l'*Univers* et M. Veuillot par conséquent ont trois principales sortes d'ennemis : les révolutionnaires impies, les incrédules honnêtes ou universitaires, et les catholiques dits modérés ; le *Siècle* les *Débats* et le *Correspondant* représentent assez bien les trois couleurs.

Blâmera-t-on M. Veuillot d'être détesté de l'impiété révolutionnaire?

L'esprit général de l'Université, malgré de réelles améliorations, est-il tellement changé que les catholiques n'aient plus qu'à chanter le *te Deum* de la conversion ?

Les catholiques modérés reprochent à M. Veuillot de compromettre la religion par ses emportements, de la faire détester en la montrant l'ennemie de la liberté, et, par dessus tout, de n'être pas ami du système parlementaire.

Il ne faut pas se payer de mots. Le système parlementaire peut être une fort bonne chose, quoique jusqu'ici les faits ne l'aient pas montré ; mais les partisans de ce système, ces partisans si zélés de la libre discussion devraient bien se montrer plus tolérants vis-à-vis des opinions. N'en est-il pas un peu ici comme il en fut du fameux Llorente, ce malheureux prêtre, auteur prétendu d'une *Histoire de l'Inquisition espagnole?* Llorente était bien capable d'écrire cette histoire, mais il paraît qu'il ne voulut pas de cet honneur, et que sa conscience se révolta contre l'infamie des calomnies renfermées dans le livre à lui attribué. Il réclama. Les ennemis de l'Inquisition, ces adorateurs de la liberté de conscience, étouffèrent les protestations : ils auraient volontiers, je crois, livré au Saint-Office, pour être brûlé, l'infortuné qui désavouait un livre dont la responsabilité lui semblait trop lourde.

Quant à la liberté, l'*Univers* n'en veut pas d'autre que celle de l'Église, parce qu'il sait qu'avec celle-là viendront les autres, celles qui sont compatibles avec l'état social. Ah! ne demandez pas le triomphe des libertés condamnées par l'Église, vous qui aimez la liberté, car le jour où ces libertés triompheront marquera l'avènement du plus affreux despotisme qu'on puisse imaginer.

Le *Siècle* et la *Presse* se sont d'ailleurs chargés de justifier l'*Univers*;

les catholiques modérés savent maintenant si c'est la modération du langage (1) qui attire les ennemis de la religion, et ceux-ci leur ont fait voir qu'ils ne peuvent croire à leur sincérité, quand ils les voient dissimuler les enseignements de l'Église, et tenir dans l'ombre, par exemple, l'encyclique de 1832.

Faut-il parler des emportements de M. Louis Veuillot et de l'*Univers*? Il est convenu, dans un certain monde, que le ton de l'*Univers* est brutal, emporté, violent, etc. Il y aurait bien à dire là-dessus, un seul mot suffira. Que l'on compare le ton de l'*Univers* à celui de ses adversaires, même mo-

(1) Cette modération n'est d'ailleurs employée qu'à l'égard des ennemis de la religion; vis-à-vis de l'*Univers*, il n'y a pas de modérés.

dérés, lorsqu'ils lui répondent, et qu'on juge. Cela ne veut pas dire qu'il n'y ait rien à regretter, rien à désirer. Mais j'aime mieux citer ici une page de M. de Pontmartin, qui ne sera pas suspect. Voici donc ce que je lis dans ses *Causeries littéraires :*

« M. Veuillot, me disait récemment un brave philistin de ma connaissance : grand publiciste ! plein de verve ! infiniment spirituel ! Quel dommage qu'il n'apporte pas dans la discussion plus de courtoisie et de douceur ! — Oui, lui répondis-je ; mais alors il ne serait plus M. Louis Veuillot. » Il se pourrait bien que cette réponse, sous les airs de La Palisse, contînt en germe une juste appréciation de ce talent si original, de cette physionomie si accentuée, et que lui demander des ménagements et des sourdines, chercher à polir ses aspérités et ses rudesses, souhaiter, en un mot, M. Veuillot différent de ce qu'il est, ce fût tout simplement méconnaître ce qui fait sa gloire et sa force. Notre époque n'est pas assez riche en caractères; elle est trop aisément sujette à effacer les angles et les saillies qui blessent sa molle indifférence, trop portée aux accommodements diplomatiques, aux *à peu près* mondains, aux transactions de principes souscrites par les amours-propres, aux sociétés d'assistance mutuelle commanditées par les ambitions infirmes et les vanités rachitiques, pour que nous ayons bonne grâce à ne *recevoir qu'à correction* un homme dont le principal défaut est de dire tout ce qu'il pense, d'appeler les gens et les choses par leurs noms, et de préférer les coups de boutoir aux coups d'épingle. Notez bien, d'ailleurs, que chez M. Veuillot l'un n'empêche pas l'autre, que le boutoir sait, au besoin, s'effiler en griffe, mais en griffe si fine, si déliée, si aiguë, qu'un cent d'aiguilles entrant à la fois dans les chairs vives ne serait rien en comparaison. »

Je finirai ce chapitre par une autre citation empruntée au *Figaro* (1) qui, dans un article où il montre peu de connaissance des premières années de Louis Veuillot, apprécie comme il suit le talent du journaliste :

« Voyez cette phrase sobre, nue,

(1) 15 avril 1855.

courte, courir au trait par la ligne droite et démasquer, avec un sang froid cruel, un de ces mots qui découpent d'une dent aiguë la chair d'autrui à l'emporte-pièce ; elle fait voler en éclats tout ce qu'elle touche... C'est dans ce ton rapide de la plume que M. Louis Veuillot a rencontré sa forme et son originalité. Il disait du *National*, en 1849 : « Ses idées ne font pas fortune, et ses amis, pour avoir fait fortune, ne font pas figure. » — Il n'est pas possible de mieux dire et plus de choses en moins de mots. — Dans un autre passage, il fermait la bouche au même journal, qui s'était mêlé assez étourdiment aux querelles religieuses de l'Italie, rien qu'avec cette réponse sans réplique :
« La religion du *National*, c'est la re-

ligion des quatre bœufs aux cornes dorées. »— On peut dire de ces soudainetés de la polémique ce que Boileau disait du tour original de certains vers de Lafontaine : ce sont des agréments de style qu'il faut sentir et qui ne se démontrent point. Le bonheur de l'expression consiste ici dans l'à-propos, dans le jet imprévu de la boutade. On ne rallume point un éclair. Quand un bon tireur a cassé une poupée, pour prouver l'excellence du coup, irez-vous ramasser la balle aplatie ?—Vous ne ferez plus jaillir le coup-d'œil qui a visé juste. »

CHAPITRE III.

Louis Veuillot écrivain.

Devenu chrétien, M. Louis Veuillot consacra sa vie et son talent au triomphe de la vérité qu'il avait embrassée : montrer la vérité à ceux qui l'ignorent, pour les conduire par sa lumière, au bonheur ; combattre à outrance ceux qui veulent obscurcir cette vérité, et qui la défigurent pour la rendre odieuse, tel nous paraît être le double but que s'est proposé le polémiste catholique dans ses écrits.

Oui, polémiste, car, qu'il écrive des articles de journal ou des volumes, c'est toujours l'ennemi qu'il vise, c'est toujours une bataille qu'il livre : écrire pour écrire n'est pas son fait, il laisse cela aux polisseurs de phrases, qui lissent leur style comme l'oiseau son plumage, et qui vont ensuite s'y mirer comme dans une glace. «J'escorte l'Eglise, dit-il quelque part (1), j'escorte l'Eglise, la jus-
» tice, la liberté, ces voyageuses di-
» vines, dans leur course à travers le
» monde, une plume à la main, com-
» me on escorte un convoi précieux

---

(1) Préface des *Natles*.

» des pistolets à la ceinture; et le plus
» ardent de mes vœux serait que la
» république des lettres, de laquelle
» je proteste ne point faire partie,
» malgré mon fâcheux attirail, nous
» permît de circuler désarmés. »

Nous avons donc affaire à un soldat, non à un homme de lettres; c'est l'idée qu'il faut chercher dans les livres de M. Veuillot, non le style. Ses livres sont des actes, non des parades; les étudier, c'est étudier l'homme, ce n'est pas faire un cours de rhétorique. Mais ne croyons pas que le style manque, ni qu'il le dédaigne. Nous savons déjà que penser à cet égard. Écoutons-le lui-même développer ses principes littéraires.

« Comme nous devons nous appliquer à bien savoir, il nous faut travailler à bien dire. Hé quoi ! la probité la plus commune obligerait le défenseur de la moindre cause à préparer son discours : non-seulement il rassemblera les preuves, les autorités, il les disposera dans un ordre plein d'art, mais encore il s'efforcera de les faire valoir, par les paroles les plus habiles, les plus fortes, les mieux choisies ; il prendra garde de rien oublier, et cependant il cherchera par tous les moyens à ne pas fatiguer l'attention des auditeurs, à leur plaire même, à leur donner enfin une bonne idée de l'intérêt qu'il défend, tant par le soin qu'il y apporte que par l'impression toujours avantageuse que son propre mérite peut produire sur eux, il le fera, sa conscience, sa réputation l'y obligent. Et nous, à qui Dieu a confié la cause la plus sainte, et les intérêts les plus précieux, nous ferions moins! Nous avons notre âme et d'autres âmes à sauver, et nous y mettrions de la négligence! et nous ne passerions pas des jours et des nuits sur un seul chapitre, sur une seule page, destinée à défendre la cause éternelle du prochain! Ah! Dieu nous en ferait un reproche. Nous savons ce que vaut cette parole, songeons-y. — Cherchons le style : je m'attache à cette pensée, parce qu'elle est essentielle. Que la modestie et l'étude nous soient imposées : toute conscience chrétienne en conviendra, ne pouvant là dessus élever un doute; mais quelques jeunes croyants regardent comme médiocrement important d'écrire avec plus ou moins de correction, d'agrément ou d'adresse. Et moi je dis qu'après la foi et l'instruction, rien ne nous est plus nécessaire. C'est par là que nous serons lus; c'est par là que nous conquerrons l'attention et l'estime du monde, succès qu'il nous faut absolument obtenir, non pour nous (à Dieu ne plaise que nous nous recherchions personnellement en ceci!); mais pour le monde, qui a besoin d'aimer ces vérités raisonnables, et de se réfugier à leur foyer divin (1). »

Nous pouvons maintenant passer à l'examen des principaux ouvrages de M. Veuillot. Je ne puis indiquer tous ceux dont il n'a été que l'éditeur, pour

(1) *Rome et Lorette.*

ainsi dire : je parlerai surtout de ce qui lui appartient en propre. Il y aurait beaucoup à dire : on me pardonnera d'être court; ne pouvant tout faire entrer dans le cadre que je me suis tracé, je devrai presque me borner à de simples indications.

Les *Pèlerinages de Suisse*, arrivés aujourd'hui à leur 8ᵉ édition, sont le premier ouvrage de Louis Veuillot converti : ils parurent en 1838. Le titre indique ce qu'est le livre : revenu à Dieu pendant son voyage d'Italie, l'auteur voulut voir en Suisse les lieux consacrés par la piété catholique. Ce pays, peuplé de catholiques et de protestants, devait lui fournir plus d'une occasion de montrer en face l'une de l'autre la vérité et l'erreur; qu'on y joigne des descriptions exactes, des portraits où le talent d'observation se révèle toujours, et de charmantes légendes, des considérations politiques et religieuses, des récits historiques, etc., et l'on aura une idée de l'intérêt que présente le livre du jeune écrivain.

Moins de deux ans après, en 1840, parut *Pierre Saintive*, roman religieux sous forme épistolaire, où l'on voit les luttes par lesquelles est éprouvé un cœur qui repousse Dieu, et qui finit par reconnaître tout ce que la religion peut donner de force et de bonheur. On sent que l'auteur a connu ces luttes et qu'il a goûté ces joies.

La même année vint le *Saint-Rosaire médité*, petit livre de piété dont je ne parlerais pas, si le *Chari-*

vari, qui admire comme des chefs-d'œuvre les chansons de Béranger, n'en avait extrait, avec une satisfaction à lui bien naturelle, quelques méchants vers que l'auteur ne regarde pas lui-même, sans doute, comme des modèles. D'ailleurs, la curiosité piquée par le *Charivari*, j'ai lu ces vers, et il est devenu évident pour moi que leur simplicité rustique a été le résultat d'une intention chez l'auteur; il a voulu imiter l'antique simplicité de nos vieux et naïfs cantiques. A-t-il réussi? Je ne l'affirmerais pas. Pouvait-il faire mieux? Quelques gracieuses pièces placées à la fin du volume le prouvent.

Rome et Lorette, que j'ai si souvent cité, fut publié en 1841. Ce livre est aujourd'hui à sa sixième édition. C'est là qu'il faut étudier M. Louis Veuillot, qui y rend compte de sa conversion. L'introduction est l'autobiographie même de l'auteur ; le reste pourrait s'intituler l'*Histoire d'une Ame. Pierre Saintive* est le développement de la même idée ; mais ici, la réalité sert de guide à l'écrivain ; il se place au milieu même des scènes extérieures qui ont contribué, pour leur part, à le ramener à Dieu, et l'intérêt n'en est que plus grand. On sent qu'il y a là une œuvre vivante ; ceux qui lisent *Rome et Lorette* ne peuvent s'empêcher d'estimer et d'aimer ce chrétien qui s'accuse si humblement et si énergiquement. Le cœur qui bat dans cette poitrine est un cœur sincère et loyal ; je plains ceux qui ne le reconnaîtraient pas.

Agnès de Laurens ou *Mémoires de sœur Saint-Louis*, publiée en 1842, est un frais et délicieux tableau de l'un de ces pensionnats de jeunes filles où la religion tient le premier rang, où l'éducation passe avant l'instruction, tout en la rendant plus solide encore qu'ailleurs et plus étendue. Ce livre en est à sa 4e édition, et je n'en suis pas surpris.

M. Veuillot ne passe guère d'année sans livrer au public qui l'aime une de ces œuvres qu'on lit avec avidité, et qu'on relit toujours avec un nouveau profit.

L'Honnête femme, qui avait d'abord paru dans le *Correspondant*, en 1843, fut publiée en 1844 : il s'agit d'une honnête femme selon le monde ; la scène se passe à Chignac, c'est-à-dire dans telle ville de province que vous voudrez, et à l'époque où le gouvernement parlementaire s'épanouissait en fleurs magnifiques. Tout ce monde de 1835 à 1845 est daguerréotypé. Voici l'honnête femme, et voici M. le préfet et toute la société du chef-lieu du département, y compris le journaliste de l'endroit, et la jeunesse dorée chinacquoise, même un honnête et craintif homme de bien, et un véritable chrétien dont le caractère contraste étrangement avec toutes ces petitesses et toutes ces bouffissures. L'auteur connaissait son monde. Quand on le lit, on croit reconnaître les personnages, on mettrait facilement des noms sous chacun des portraits. M. Veuillot a visiblement profité de son séjour à Périgueux.

Mais il faut se hâter. Je ne ferai que citer la *Lettre à M. Villemain* en 1843, et la défense de l'abbé Combalot qui valut à l'auteur la prison ; — les *Français en Algérie* (1844), sérieuse étude faite, après avoir vu le pays, sur l'histoire de l'Algérie, sur son passé et sur son avenir, et surtout sur le rôle que le christianisme est appelé à y jouer ; — les *Nattes* (même année), recueil de compositions variées dans les détails, unes par le but que se propose toujours l'auteur, et parmi lesquelles on distingue *l'épouse imaginaire*, chaste et charmante composition qui montre dans quelles dispositions d'esprit et de cœur M. Veuillot approchait de l'époque de son mariage ; — enfin, *Corbin et d'Aubecourt*, qui parut d'abord dans le

Correspondant, comme l'*Honnête femme*; essai de roman chrétien auquel applaudiront tous les cœurs délicats.

Cependant les temps étaient venus où les combats contre le mal allaient être plus difficiles à soutenir ; le courage de M. Veuillot grandit avec le péril, et son talent avec son courage. La révolution de février 1848 avait éclaté, et avec elle beaucoup d'espérances suivies de trop rapides désenchantements. Dès 1848, Louis Veuillot publia les *Libres Penseurs*.

« J'appelle *libres penseurs*, comme ils se nomment eux-mêmes, dit-il, les lettrés ou se croyant tels, qui, par livres, discours et pratiques ordinaires, travaillent sciemment à détruire en France la religion révélée et sa morale divine. Professeurs, écrivains, législateurs, gens de banque, gens de palais, gens d'industrie et de négoce, ils sont tout, ils font tout, ils règnent; ils nous ont mis dans la situation où nous sommes; ils l'exploitent et l'empirent. J'ai voulu les peindre; non pas, je l'avoue, par amour pour eux... (1). »

Et voilà le terrible peintre qui se lance à travers ce monde. Les *écrivains* sont les premiers saisis par son pinceau. Ce sont d'effrayantes exécutions.

Il exécute ces poètes, chantres de la luxure et ballons gonflés de vanité qu'un crédule public admire sur la foi de critiques trop intéressés; il

(1) Avant-propos des *Libres penseurs*.

exécute ces lettrés qui ne savent que corrompre l'innocence et insulter la vertu ; il exécute ces académiciens sexagénaires qui trouvent encore de bon goût de rire des polissonneries de quelques vauriens ; il exécute les philosophes qui adorent Voltaire en cachette, et les critiques qui lui dressent des statues, et il préfère les navets de Ferneuse à tous les navets plus ou moins littéraires de Paris.

Je citerai un passage qui explique bien des haines, à mon avis :

« Il semble à trois *gredins*... » Molière a confondu le gredin et le cuistre... Le gredin n'arrive ni à la cour, ni au salon bourgeois ; il n'a jamais de linge, et ses livres, qu'il ne signe guère, n'obtiennent point la reliure en veau. On a fort relevé la république des lettres, mais sans pouvoir l'épurer de cette vermine. On y prend des députés, des pairs, des ambassadeurs, des ministres; il s'y trouve toujours des gredins... L'engeance tient bon, elle résistera invinciblement, elle aura son taudis sordide, où, les coudes percés, l'onglée aux doigts, l'envie au cœur, elle vivra orgueilleusement de bassesse et de calomnie... Tel est le gredin. Ne lui proposez pas un travail honnête, ce n'est pas ainsi qu'il veut vivre; ne lui donnez pas l'aumône, ce n'est pas ainsi qu'il veut être secouru. Il ne prendra l'emploi que pour faire des dettes, et n'acceptera le bienfait que pour haïr davantage; car, si vous pouvez l'obliger, il vous hait déjà.... Ce coquin est laborieux, sobre, stoïque, par dévouement à sa passion, qui est de faire du mal et de griffonner quelque chose de honteux. Un écu, s'il n'est le prix d'une bassesse, lui semble mal gagné, le pain véritablement amer à sa bouche maudite, est celui qu'il n'a pas ramassé dans la boue... Tant de passion, tant d'orgueil, tant de douleurs (car il souffre, le misérable!), une rage si persévérante, le montent jusqu'à la frénésie: c'est là son inspiration. Mais sa frénésie le trahit à la fin. Vainement il entasse la calomnie et le blasphème; la langue n'a pas assez de mots pour lui permettre d'épuiser l'abîme de ses rêves infâmes; il succombe, étouffé des horreurs qu'il ne peut vomir. »

Il faut avouer que M. Veuillot n'y

va pas de main morte ; mais les satiriques procèdent-ils autrement, et si les *caractères* du dix-neuvième siècle prêtent à des traits plus accentués que ceux du dix-septième, est-ce la faute de l'écrivain ? En somme, M. Louis Veuillot n'a épargné, dans ses *Libres penseurs*, aucune vanité, ni aucun vice. C'est son mérite, c'est son malheur. Mais, faire ici l'éplucheur de mots, trouver telle expression un peu forte, telle autre hasardée, lorsque l'ensemble est bon et fortifiant, lorsque la haine du mal et l'amour du bien sont les deux souffles inspirateurs de l'écrivain : en vérité, nous avons mieux à faire, et nous laissons ce métier aux zoïles.

Je regarde comme bon tout livre qui augmente en nous l'horreur du mal

et l'amour du bien, qui accroît notre énergie morale, et nous élève au-dessus des bassesses qui tentent toujours de nous faire descendre : tout livre qui produit l'effet contraire est mauvais ; c'est là un criterium infaillible ; les autres ne valent pas la peine qu'on en parle. Eh bien! je ne connais pas un livre de M. Veuillot qui ne donne l'envie de devenir meilleur, et cela, avec ce quelque chose, comme dit M. de Pontmartin (1), que M. Louis Veuillot possède surabondamment.
» Ce quelque chose, c'est la vie, c'est
» le don d'attirer à soi, partout où
» l'on porte la main et la plume,
» cette sève intellectuelle, ce sang de
» l'esprit et de l'âme, cette chaude at

---

(1) *Causeries littéraires*

» mosphère du combat qui se traduit
» en colères et en hommages, en ap-
» plaudissements et en insultes, mais
» qui, dans ces orageuses alternatives,
» est mille fois préférable aux suffra-
» ges polis, aux ovations complai-
» santes de salon ou d'athénée. »

Les libres penseurs sont l'œuvre capitale de M. Louis Veuillot ; ce talent si remarquable se montre là dans toute sa souplesse et dans tout son éclat. Que de pages d'une adorable délicatesse et d'une délicieuse fraîcheur, à côté de ces sévères fustigations ! J'en ai pu citer quelques-unes dans le cours de cette biographie ; il faut se retenir, renvoyer au livre, et continuer notre énumération.

Le lendemain de la Victoire, scènes socialistes, publiées en 1849 par la

Revue des Deux Mondes, et réunies en volumes en 1850. L'auteur suppose le triomphe du socialisme, et il peint la société après ce triomphe. Je ne crois pas qu'il ait exagéré.

L'Esclave Vindex (1850) appartient au même ordre d'idées, ainsi que *la Légalité* qui parut en 1852, mais qui était sous presse au moment du coup d'état de 1851.

La *Petite Philosophie* (1850) est un recueil de simples histoires où l'on apprend plus de choses sur la vraie philosophie de la vie que dans les gros volumes sortis des académies ou des universités. Voulez-vous savoir *ce que c'est qu'un curé?* prenez ce petit livre. Voulez-vous apprendre *l'art de bien vivre?* prenez-le encore. Voulez-vous savoir ce qu'il y a de

vraiment estimable et de vraiment méprisable? prenez, prenez *la Petite Philosophie*. Voyez ce portrait de l'écrivain vraiment religieux : « Il n'a
» pas écrit pour le puéril plaisir de
» voir son portrait aux vitres des mar-
» chands d'images, et de recevoir les
» épîtres enflammées de Cathos et de
» Madelon. Il a voulu servir les hom-
» mes en glorifiant Dieu : il sait que
» ce qu'il a fait ne comptera pour la
» vie future, comme toute œuvre hu-
» maine, qu'à titre de bonne action ;
» et, quant au mérite de la façon, il
» n'en est pas plus fier que tout autre
» artisan de tout autre ouvrage. Que
» lui importe qu'on lise sur sa tombe :
» *Il a fait des livres*, ou, *il a fait des*
» *soul e s* (1) ? »

(1° *Petite philosophie*. Sulpice.

M. de Pontmartin, que je me plais à citer parce qu'il n'appartient pas à l'école de l'*Univers*, a dit de la *Petite philosophie* (1) : « Ce livre s'ouvre par un chef-d'œuvre, *Ce que c'est qu'un curé*, et se ferme par un autre chef-d'œuvre, *la Chambre nuptiale*... Je ne sais quel autre nom donner à deux récits où, sous une forme brève et exquise, l'auteur a réuni tout ce qui peut consoler et affermir notre clergé de campagne, tout ce que les chrétiens sincères, voyant tomber avec les années les illusions de leur jeunesse, peuvent mêler de résignation et de douceur au déclin de l'âge et aux épreuves de la vie ; où, avec les moyens les plus simples, sans com-

(1) *Causeries littéraires.*

binaison dramatique, sans concession romanesque, l'émotion s'accroît page par page, et finit par faire monter les larmes à des yeux que ne mouillent plus les pathétiques fictions du roman... Avoir vécu! il n'en faudra pas plus, dans la plus simple acception du mot, pour apprécier cette *Chambre nuptiale*, qui n'est rien, qui n'a que dix pages, et que je recommande aux lecteurs obstinés à croire qu'on ne saurait s'émouvoir sans entassement d'aventures et savantes péripéties. J'ai relu bien souvent ces dix adorables pages, et ce n'est jamais d'un œil sec que je suis arrivé à la dernière ligne : le roman chrétien a là son diamant. M. Veuillot n'aurait-il écrit que la *Chambre nuptiale*, je le reconnaîtrais pour un maître. »

Mais il faut finir. Je voudrais faire admirer encore la simplicité charmante et pieuse de l'histoire de *la Bienheureuse Germaine Cousin* (1854), l'élévation de pensées de *la Guerre et l'homme de guerre* (1855), et faire connaître l'utilité de toutes ces œuvres enrichies de notes et d'introductions par M. Louis Veuillot, comme par exemple, les *Vies des premières religieuses de la Visitation de Sainte Marie* : il faut se borner.

Que dire du *Droit du seigneur au moyen âge* (1854)? Ah! M. Dupin, comme vous vous êtes fourvoyé, le jour où sur la foi de M. Bouthors, que vous n'aviez pas compris, vous voulûtes infliger à la société du moyen âge et à l'Eglise cette odieuse flétrissure! La joie était générale au camp des incrédules : les *Débats*, avec leur air de n'y penser pas, étaient sortis de leur calme majestueux pour louer le digne ex-président de l'Assemblée nationale ; jamais accord plus touchant ne s'était remarqué entre conservateurs et révolutionnaires. On venait de démontrer qu'un droit odieux avait souillé le moyen âge, il était prouvé que *nos pères* et que *l'Eglise notre mère*, avaient toléré, permis, pratiqué le droit le plus infâme : quel triomphe pour la civilisation du xixe siècle, pour le rationalisme contemporain ! Hélas ! il s'est rencontré un homme à qui tous ces cris de triomphe ont fait faire cette simple réflexion : Il est impossible qu'une société chrétienne ait toléré une pareille infamie : il doit y avoir là-dessous quelque malentendu ; et soutenu par la voix de ce grand commandement :

Tes père et mère honoreras,

il s'est mis à l'œuvre, et il a vengé à la fois nos pères et notre mère. « En somme, dit M. de Pontmartin, ce livre, sérieux comme une histoire, entraînant comme un roman, amusant comme un pamphlet, mordant comme une satire, vigoureux comme une revanche, est, à coup sûr, une des plus friandes lectures que puisse se servir à lui-même un homme d'esprit, de sens et de cœur, désireux de suivre, dans sa révision consciencieuse, dans sa solution décisive, ce vieux procès où se trouvait en jeu, sous une apparence frivole et presque plaisante, l'honneur de l'Église, du passé, de la société chrétienne et de l'humanité tout entière. »

EPILOGUE.

La presse parisienne et la presse de province avaient sans doute apprécié comme je l'ai fait la récente biographie à laquelle j'ai dû faire allusion, puisqu'elle n'a pas cru devoir en parler. Un seul journal, à ma connaissance, le *Moniteur du Loiret*, publié à Orléans, s'imagina de reproduire, sans doute pour l'édification de ses lecteurs catholiques, le livre de M. Eugène de Mirecourt. Mgr Dupanloup, qui jouit, à ce qu'il semble, d'une assez grande influence sur le rédacteur en chef de ce journal, le pria de vouloir bien suspendre cette reproduction, mais par une lettre qui parut à M. Veuillot propre à aggraver le mal. Je crois devoir laisser la parole à l'homme qui se défend ; je donne donc ici sa lettre en son entier, comme l'a fait M. de Mirecourt, et en soulignant les passages que M. de Mirecourt a soulignés. M. Veuillot s'adresse au rédacteur de la feuille orléanaise :

« Monsieur,

« Il vous a paru piquant de reproduire, à l'usage de mes compatriotes du Loiret, un écrit où je suis *insulté comme homme de la manière la plus brutale, comme fils de la façon la plus cruelle.* Sans me connaître, sans chercher aucune information, sans vous demander si l'auteur de cet écrit méritait la *moindre confiance*, et lorsque tout, au contraire, vous annonçait la *diffamation* et l'*injure*, vous vous êtes jeté sur le libelle, et vous en avez rempli votre journal.

» Vous vous êtes permis en votre propre nom de me traiter de CONDOTTIERI, c'est-à-dire, si vous connaissez la valeur du terme, d'homme sans conscience et mercenaire, mettant sa plume au service de qui la paye; car c'est ainsi que le CONDOTTIERI trafiquait de son épée.

» J'aurais souffert cela en silence si vous aviez continué, de même que je souffre tous les jours beaucoup de choses semblables. Je vous aurais laissé contribuer ainsi, selon vos moyens, monsieur, à l'œuvre générale qui rend *la presse si utile aux mœurs publiques et si recommandable aux honnêtes gens*. Mais, prêt à supporter toute l'injure, il ne me plaît pas d'y laisser ajouter une réparation insuffisante, *accordée comme marque de respect à la charité d'un tiers* qui demande que l'injure cesse par considération pour lui.

» Le vénérable prélat n'a sans doute lu ni l'écrit tout entier, ni même le morceau que vous avez publié. Il ignore que *son témoignage y est exploité* comme une sanction des injures dont je suis l'objet. Autrement il ne nommerait pas tout simplement UNE BROCHURE SUR M. VEUILLOT, sans aucune expression de blâme, cet *amas de diffamations* formé par une main qui n'a pas craint de blesser le *sentiment filial*.

» Sa Grandeur vous aurait dit que, quels qu'aient été les torts de M. Veuillot dans la discussion de certaines questions libres de littérature, de politique, d'histoire ou même de religion, ces torts sur lesquels d'ailleurs tout le monde n'est pas du même avis) ne pouvaient autoriser M. *Jacquot* (*né à Mirecourt*) à écrire, *sur ma mère, le passage* que vous avez offert à la curiosité de vos lecteurs, ni vous, monsieur, à reproduire de telles grossièretés et à me qualifier de CONDOTTIERI, ainsi que vous dites.

» Quant à ma très *vénérée* mère, sachez, monsieur, qu'elle a travaillé, comme son mari, pour élever, sans demander secours à personne, *quatre enfants qui n'ont jamais rougi d'elle ni de leur nom*. Sachez et publiez, pour expier votre injure, que, dans son humble condition, cette digne et vaillante femme sut enseigner à ses enfants l'amour de la justice et le courage de la pauvreté.

» Quant à moi, informez-vous si j'ai fait des *écrits anonymes* ou *pseudonymes* ; tâchez de savoir si, même avant d'être chrétien, j'ai reproduit des libelles diffamatoires ou par haine contre mes adversaires ou pour amuser mes lecteurs ; voyez si j'ai un *dossier à la police correctionnelle* ; priez monseigneur votre évêque de vous dire si j'ai coutume de changer d'opinion par intérêt ; si c'est l'intérêt qui m'a fait entrer dans la rédaction de l'Univers ; s'il est vrai, comme l'affirme votre auteur, que l'Univers a été *subventionné par Louis-Philippe*, et l'ait été auparavant par *les grandes dames du faubourg Saint-Germain*. M. l'abbé Dupanloup a parfaitement connu les affaires de la *presse catholique* et très bien su comment et de quoi elle vivait. Il peut vous donner les renseignements les plus exacts, je m'en fie à son équité.

» Je m'arrête, monsieur, je ne veux pas user de tout mon droit. Il me suffit d'avoir refusé la grâce que vous vous croyez engagé à me faire, je ne vous forcerai pas à pu-

ÉPILOGUE.

blier mon apologie. Cela ne serait pas assez piquant pour vos lecteurs, et je crois n'en avoir pas besoin. Dans tous les cas, je dirai comme monseigneur votre évêque : LE REMÈDE AU MAL (si l'écrit en question doit me faire du mal) N'EST PAS LÀ. Votre reproduction interrompue, la lettre de monseigneur, celle-ci, tout cela fait, au contraire, les *affaires* de M. Jacquot. Il a ainsi ce qu'il cherche, et vous pouvez maintenant, profitant de ses complaisances, vous enrichir du reste de son écrit, sans craindre que je réclame : le plus amer est passé.

» Il y a un remède pourtant. Ce remède infaillible, qui me fortifie en dépit de tous les procédés exceptionnels dont on use envers moi, je n'ai besoin de le demander à personne : il est en ma possession, personne ne peut me l'ôter. Pour le passé, c'est la *parole souveraine et sacrée* qui a relevé, il y a trois ans, l'œuvre à laquelle je travaille, lorsqu'elle était quasi abattue. Pour l'avenir, c'est le ferme dessein où je suis de *poursuivre ma route*, d'aller à mon but, sans donner raison à la *calomnie*, et sans perdre plus de temps qu'il ne faut à panser ses *viles morsures*.

» Agréez, etc.

LOUIS VEUILLOT. »

Je passe la courte réponse de M. Léon Lavedan, rédacteur en chef du *Moniteur du Loiret*, elle ne se compose que de lieux communs. Quant à M. Eugène Jacquot, de Mirecourt (Vosges), dont la lettre de M. Veuillot nous a révélé le nom, il a répondu par une longue épître, parce que, dit-il, « nous tenons à prouver que nous ne sommes coupable ni d'insulte ni d'outrage envers le fougueux polémiste de *l'Univers*. » C'est une chose que les plus longues, les plus belles et les plus adroites épîtres auraient de la peine à prouver à ceux qui ont lu la prétendue Vie de M. Veuillot par M. Eugène de Mirecourt; c'est même un peu le contraire que prouve la lettre même qui aspire à démontrer l'innocence de cette biographie.

Il faut bien le dire comme je le pense, ladite réponse est pauvre et sent trop la façon platement ironique du libéralisme d'il y a trente ans.

M. de Mirecourt nie qu'il ait accusé *l'Univers* d'avoir été subventionné par **des grandes dames du faubourg Saint-Germain,** et il flanque sa dénégation d'une citation qui le condamne.

M. de Mirecourt nie qu'il ait diffamé et insulté, et il croit prouver son dire en répétant les mêmes insultes et les mêmes outrages.

M. Veuillot s'est plaint surtout de l'igno-

ble façon dont sa mère a été traitée, et M. de Mirecourt, qui prétend n'avoir signé ses œuvres d'un nom emprunté que par suite d'une délicate attention filiale, ose écrire ces lignes : « Quant à vous avoir in-
» *sulté comme fils de la façon la plus cruelle*,
» vous n'en pensez pas un mot, je vous le
» déclare, et j'en appelle à tous ceux qui ont
» lu votre biographie. Quelque chose est
» blessé chez vous peut-être ; mais ce n'est
» pas le *sentiment filial*, c'est l'orgueil. » En vérité, M. de Mirecourt est-il en droit d'en appeler à ceux qui ont lu *sa biographie* de M. Veuillot ? Et n'est-il pas déplorable de voir ainsi mettre en doute le *sentiment filial* d'un homme qu'on déteste, je ne sais pourquoi, quand on se drape dans le sien ?

Tout cela est affligeant. Je ne veux pas examiner si M. de Mirecourt donne la vraie raison qui lui a fait adopter le pseudonyme sous lequel il est connu; je veux le croire, quoiqu'il ne croie pas les autres. Mais, franchement, était-il obligé de prendre une forme de nom aussi *distinguée* que celle qu'il a choisie? Aucun nom, d'ailleurs, n'est ridicule quand il est noblement porté. Est-ce que M. Cucheval-Clarigny, par exemple, M. Goujon, de l'Observatoire, et MM. Lurine, Chicoisneaux, Barbier, Véron, Pluchonneau, etc., etc., songent même à cacher leur nom? Est-ce que le public songe à en rire? Les noms illustres de Bossuet, de Bourdaloue, de Racine, de Cuvier ne sont pas plus retentissants en eux-mêmes que celui de Jacquot. Qui pense aujourd'hui à leur signification? Chez qui n'éveillent-ils pas l'idée de l'éloquence, de la poésie et de la science? J'estime, pour conclure, que M. de Mirecourt a eu tort de provoquer un homme qui ne songeait guère à lui, sans doute, et que ni les livres, ni les lettres de M. de Mirecourt aidé de M. Lavedan, ne rendront moins estimable aux yeux des honnêtes gens.

FIN.

Paris. — Imprimerie de Cosson, 13, rue du Four Saint-Germain.

www.ingramcontent.com/pod-product-compliance
Lightning Source LLC
Chambersburg PA
CBHW060151100426
42744CB00007B/993